AF229366

La Politique Républicaine

LETTRES D'UN ÉLECTEUR

A SON DÉPUTÉ

TRANSCRITES PAR PABLO

AUTEUR DE RANA

ET SUIVIES DE

L'ÉCOLE SANS DIEU

RENNES

IMPRIMERIE DE L'OUEST

6, RUE D'ORLÉANS, 6.

LETTRES D'UN ÉLECTEUR

A SON DÉPUTÉ

TRANSCRITES PAR PABLO

AUTEUR

DE RANA

ET SUIVIES DE

L'ÉCOLE SANS DIEU

PREMIÈRE LETTRE

Lorsque le progrès sera complet dans notre pays, nous ne connaîtrons plus que la formule civique du tu et du toi. Nous dirons : « Bonjour, citoyen député, comment vas-tu, citoyen député ? » Ainsi parleront tous les jacobins de l'avenir. Mais de nos jours, la république conserve encore un certain cachet d'éducation bourgeoise. Elle n'est pas noble, sans doute, la république ; elle n'a rien du gentilhomme bien élevé. La vieille politesse française a disparu, comme les droits des seigneurs.

Nous sommes tous égaux, de par la loi du progrès républicain. Berryer est l'égal de l'épicier Binochon. Napoléon premier est l'égal du pioupiou Berluret. Victor Hugo est l'égal du brosseur Crotineau. Le progrès veut l'assimilation complète du grand orateur au simple bègue ; celle du général en chef au simple conscrit ; celle du prince des poètes au décroteur qui ne connaîtra jamais le français.

Si notre marche vers la perfection radicale est un peu lente, cela tient sans doute, citoyen député, à ce que vos honorables collègues ne savent pas encore conformer entièrement leurs actes à leurs paroles. Ils sont dépourvus de logique. Vous me permettrez gracieusement, M. le député, avec une bienveillance digne de votre haute situation, de vous signaler quelques-unes des bizarreries qui m'ont parfois surpris.

Vous n'avez pas eu, dit-on, le temps de vous mettre en rapport avec vos électeurs, tant le décès subit du grand mort vous a troublé ; voilà pourquoi vous m'autoriserez à me mettre en rapport avec vous, par correspondance. Souvent, et tout récemment dans l'élection de Dinan, le nouvel élu s'est écrié : « Citoyens électeurs, maintenant que les ardeurs de la lutte sont passées, j'oublie tout (excepté la réalité de mon élection) ; je ne suis pas le mandataire d'un groupe d'électeurs, je représente mon arrondissement, je demeure au service de tous les intérêts sérieux. »

Cette générosité me touche, Monsieur le député, je pourrai causer avec vous aussi simplement que si je me parlais à moi-même. Vous avez d'ailleurs mandat, non pas impératif peut-être, mais général, d'aider à faire aimer la vérité dans les conseils de la nation. Vous excusez facilement ma franchise. On dit que l'esprit sain, (l'esprit de concorde), ne règne pas en maître dans les régions législatives et que MM. les très chers frères.·. ès-lois, sont accidentellement des frères ennemis. Je veux supposer que ce sont là d'odieuses calomnies.

Je n'abuserai pas, dès le premier jour, de vos précieux instants ; ce serait dommage d'apporter trop de distraction à vos imposants labeurs. Je viens seulement vous adresser une première question.

Pourquoi, M. le député, laissez-vous encore réciter des prières publiques, dans l'intérêt religieux des législateurs français ?

Au moment même où vos écrivains républicains proclament le triomphe de la libre-pensée ; au moment où les françs-maçons déroulent leurs tabliers et font résonner leurs triangles égalitaires, à coup de truelles maçonniques ; au moment où les plus illustres d'entre vos amis se font encaver solennellement, aux éclats retentissants des trompettes, au roulement lugubre des tambours, et même au terrible son du canon, comment pouvez-vous laisser encore prier Dieu ?

Tous les fonctionnaires français, échevins, préfets, généraux, magistrats, administrateurs des finances, universitaires, sont invités à se réunir au pied de l'autel, pour prier Dieu de donner un peu de lumière aux députés législateurs. La lumière de Dieu ! à quoi bon la demander ? de quel secours pourrait-elle être à des singes perfectionnés ?

A l'instant même où les salariés de l'état doivent se rendre à l'église pour prier publiquement, d'autres salariés primaires et primates sans doute, du même état, défendent aux instituteurs de laisser les enfants réciter leurs prières à l'école.

11 est interdit aux écoliers de prier Dieu !

L'acte honteux qui consiste à violer l'âme de l'enfant est publiquement et cyniquement accompli. Quelle étrange contradiction !

Vous excuserez, Monsieur le député, la vraie franchise de mon langage. Je suis un honnête homme et les vilaines actions me révoltent. Permettez-moi de penser que vous ne tarderez pas, dans l'intérêt de la raison, à prier vos collègues de supprimer Dieu officiellement et définitivement. Ensuite nous ne craindrons plus un coup de jarnac comme celui qui vient de frapper le grand patriote. Les princes de la science médicale ont été surpris. Une autre fois ils prouveront que la science humaine peut abroger la loi de mort, établie, disait-on, par la providence, et sur le monument commémoratif de cette victoire on gravera ces mots :

CI-GIT, FEU DIEU.

DEUXIÈME LETTRE

Les anarchistes.

La douce amitié repose notre cœur des luttes politiqnes. Elle est le charme de la vie, dont l'amour fait le tourment. Les peuples payens l'ont célébrée en termes touchants, les nations chrétiennes ne sauraient faire moins. La loi du Christ est une loi d'affection. Aimez-vous les uns les autres, aimez votre prochain autant que vous vous aimez vous-même ; voilà l'exacte formule de la fraternité chrétienne, la seule vraie. Elle permet de résoudre la question sociale, sans lutte armée. Plus de guerres civiles ; partout l'amitié, la sympathie affectueuse, le bonheur pour tous par le secours mutuel.

Mais, M. le député, les hommes qui font la guerre à Dieu, les hommes qui brisent l'image de son Christ et la jettent au tombereau, les hommes qui violent les consciences et les propriétés religieuses ; ceux-là sont et seront toujours impuissants à résoudre la question sociale. Demandez à vos amis à quel groupe ils appartiennent ?

Le célèbre italien, francisé en 1859 seulement par option, a dit qu'il n'existait pas de question sociale. C'est une erreur qu'il faut ajouter à toutes celles qu'il débitait d'une voix sonore et que ses admirateurs acceptaient bouche béante. L'oracle opportuniste a parlé pour mentir, selon le système breveté de l'ex-gouvernant Ferry. Dans toute société humaine, il y a toujours eu des pauvres et des riches ; des envieux et des enviés ; toujours la question sociale se présentera, tant que l'humanité souffrante continuera d'exister.

Mais vous m'interrompez pour dire ; « je ne suis pas pétroleur, mes amis les députés n'emploient pas la dynamite.» Vous oubliez, M. le député, les révélations des procès suivis contre les anarchistes. Vous et vos amis de la majorité, vous êtes sapeurs de Dieu. Vous sapez Dieu, cette base éternelle de tout édifice social. Vous êtes les nihilistes et les anarchistes de la morale. Cependant la loi morale basée par Dieu, doit rester le fondement des lois sociales. C'est elle qui crée le droit, principe de la loi. Justice et vérité, voilà sa base. La justice et la vérité doivent aussi servir de base au droit civil et au droit politique.

Un certain Gauthier, fils d'un ancien huissier de Rennes, aujourd'hui chef des anarchistes, attaque justement vos amis les députés opportunistes, il pose des principes déjà suivis par les crocheteurs et que le citoyen Cazot-conflit a fait triompher à l'encontre des propriétés religieuses.

« Nous sommes révolutionnaires... nous croyons que le peuple ne pourra conquérir ses droits qu'à la pointe de l'épée.

« La force est toujours la force ; (La Palisse de dirait pas mieux) c'est elle qui mène le monde ; c'est toujours à elle qu'appartient le dernier mot. (*Ego nominor Leo Gambetta*). Est-ce que la fête du 14 juillet n'est pas la fête de la révolution ?

« Est-ce que la république actuelle a une origine légale? Si Bazaine avait été à Paris le 4 septembre 1870, les gouvernants du 4 septembre n'auraient-ils pas été fusillés ou poursuivis avant nous » ? (Comme Grévy a fait poursuivre Plon-Plon.)

Cet anarchiste est docteur en droit ; mais l'ambition haineuse qui l'agite lui fait perdre la notion du droit. La force ne crée point le droit et le vice du régime républicain vient précisément de ce qu'il substitue la force au droit.

La loi du nombre, dite suffrage-universel, bien que souvent l'élu ne représente pas le quart des électeurs, la loi du nombre n'est que l'abus de la force. La majorité qui opprime les minorités abuse de sa force et les excite à s'insurger contre elle. Audace et réussite, voilà en deux mots toute la morale républicaine opportuniste. Ces républicains se disent hommes de violence. Nés de l'émeute, ils périront par l'émeute.

Je ne crois pas, Monsieur le député, que vous puissiez arrêter vos amis dans la voie de l'arbitraire. Ils resteront livrés à leurs erreurs et ne verront pas la gravité du péril qui nous menace tous. Leur cécité est le résultat de la vengeance du Dieu qu'ils ont insulté. Les anarchistes vont bientôt les écraser, dans une convulsion violente.

Malheureusement nous autres, gens honorables et tranquilles, travailleurs chrétiens et pères de famille, nous serons entraînés avec eux dans l'abîme ; comme si toute la génération actuelle devait disparaître de devant Dieu.

Espérons cependant, contre toute espérance, raidissons-nous dans le naufrage et ne disons pas avec Molière :

> O ma Philis, on désespère
> Alors qu'on espère toujours.

TROISIÈME LETTRE

La magistrature.

Heureux les peuples qui demeurent en paix sous le regard de Dieu. Les simples préceptes du décalogue leur suffisent et sont plus parfaits que les règles si compliquées du droit moderne. Amis de la justice et de la vérité, ils savent honorer Dieu, aimer les autres hommes et respecter le bien d'autrui. (Trois choses que vos amis politiques ne connaissent pas). Leur existence s'écoule à l'abri des revendications sociales. Que dire de vos républicains français ? Ils avancent comme les écrevisses et nous rejettent à plus de 35 siècles en arrière du progrès moral. Cette date est en effet celle du décalogue, qui dépasse de cent coudées les règles actuelles.

L'un des enfantements les plus pénibles dont vos amis aient encore eu à souffrir, est, M. le député, celui d'une loi sur la magistrature. Dans une société bien constituée, il existe deux sacerdoces : celui du culte et celui de la loi. Nous verrons un jour ce que vous avez fait du premier, permettez-moi de vous dire maintenant un mot du second.

Après le respect de Dieu, consacré par

le culte, dont le sacerdoce assure la pratique, nous trouvons dans les sociétés civilisées,le respect de la loi.Les députés opportunistes ont renoncé au premier de tous les respects, le respect de Dieu, aussi les voyons-nous mettre en première ligne : *la loi*. Le respect de la loi, disent-ils tréshaut, est le fondement de la république. Il est bien compromis déjà, ce respect, lorsque nous savons comment se recrute le personnel législatif. Lorsque nous assistons aux violences, aux manifestations haineuses, lorsque nous entendons les injures grossières, qui s'échangent au Palais-Bourbon. Si cela continue on cessera de l'appeler temple des lois, il sera considéré plutôt comme une halle législative.

Mais quelles que soient, M. le député, les imperfections de nos législateurs, il reste certain qu'une société ne peut pas exister sans lois. Et les magistrats ont mission de faire respecter la loi. Toute loi doit être juste, édictée dans un intérêt général et appliquée par des hommes honnêtes, fermes, intelligents incapables de faillir au devoir. Voilà l'idéal de la loi.

Le recrutement de la magistrature a donc une haute importance. Les magistrats doivent être choisis dans l'élite de la nation. En est-il ainsi de nos jours ? Les députés républicains ont-ils gardé ces grandes idées d'honneur et de bien public ? non seulement leurs journaux accablent d'injures les magistrats indépendants ; mais eux-mêmes, dans les discussions du parlement, traitent de scandaleuse l'autorité de la chose jugée et jettent aux juges intègres, l'expression de leur mépris. Les vieux magistrats, qui écoutent encore la voix de leur conscience, voient méconnaître tous leurs droits à un avancement hiérarchique. Ils entendent les républicains hurler autour d'eux et réclamer leur révocation. Le travail, l'ancienneté, la bonne réputation, ne sont plus que des qualités sans valeur. Lorsqu'une vacance se produit, les chefs de Cour ne sont même pas consultés. Le ministre de la (ou de l'in) justice, se soumet aux injonctions des députés. Des hommes d'affaires tarés, des nullités du barreau, envahissent les tribunaux et les cours, et s'emparent au nom de la politique républicaine, de situations que l'on réservait autrefois à des magistrats déjà vieillis dans la carrière.

Toutes ces iniquités ne suffisent pas aux hommes politiques. L'inamovibilité protège encore quelques vieux débris de l'ancienne magistrature, de celle qui met le devoir professionnel au-dessus des querelles de parti : il importe de briser cette dernière résistance. Plus d'hommes libres ; rien que des domestiques. La magistrature que vos amis veulent établir sera réduite en esclavage par les députés. Elle voudra servir les calculs de l'ambition et satisfaire aux rancunes des hommes qui l'auront choisie.

La justice, déjà vacillante par les conflits, disparaîtra du territoire de la république et les citoyens se demanderont où trouver des juges. Vous ne craindrez pas, avec votre désinvolture habituelle, de qualifier cela de progrès républicain. On vous entend affirmer, dans votre simplicité naïve, que vous aspirez à créer une magistrature indépendante et forte. Allez toujours, et bientôt les juges, avant de laisser commencer les débats judiciaires, devront chanter la marseillaise, debouts et découverts devant le buste de Marianne. Les électeurs français se lasseront enfin de ces incessantes violations du droit et de la justice ; alors votre république, cette ennemie de la France chrétienne, aura vécu ; vos amis rentreront dans le néant

d'où ils eussent mieux fait de ne pas sor-
tir.

QUATRIÈME LETTRE

Impôts et finances.

Dans un état républicain, ce sont, dit-
on, les citoyens qui créent le gouvernement politique, en vue de leur intérêt col-
lectif. Quand ce principe n'est pas faussé,
on doit avoir le gouvernement du pays
par le pays. Vos amis politiques en sont-
ils là maintenant ? Certainement non et
un regard rapide sur les impôts et sur les
finances, nous le démontrera clairement.
Les impôts pèsent lourdement sur les citoyens qui sont tenus de les payer, et de
toutes les nations du globe, la France républicaine est celle qui solde le plus acca-
blant budget. Si le gouvernement demeu-
rait fidèle à son principe démocratique,
s'il agissait dans l'intérêt général des citoyens, il aurait pour but, comme celui
des Etats-Unis, de rembourser le capital
de la dette publique et de modérer l'im-
pôt. Voilà ce que doit faire un gouvernement réellement démocratique. Que font
les ministres choisis par vos amis politiques ? Ils élèvent de plus en plus le chiffre des dépenses publiques, non seule-

ment ils ne remboursent pas le capital de la dette ; mais chaque année ils l'augmentent d'un milliard par l'emprunt. Après avoir essayé de commencer le dégrèvement des contribuables, en supprimant ou en réduisant quelques impôts, simple simulacre d'ailleurs, à cause des emprunts par eux réalisés, ils en sont arrivés au déficit. Le budget de 1882, en temps de paix, malgré le chiffre écrasant des taxes publiques, se solde en déficit. Le gouvernement républicain fait donc exactement le contraire de ce que doit faire tout pouvoir politique issu du suffrage universel. Il en est arrivé à compromettre le développement de la prospériét publique. La gestion de nos finances est mauvaise, elle devra se modifier sans retard ; si nos administrateurs veulent éviter un désastre.

Mais cette considération n'est pas la seule, M. le député, qui doive vous arrêter sur la pente politique actuelle. Le crédit public est sérieusement menacé. Regardez le tableau de la bourse. Voyez que de millions ont déjà disparu de la cote officielle.Lorsque des titres de chemin de fer perdent en quelques jours un dixième de leur valeur, cela devient une ruine publique. Encore un peu et vos amis politi-

ques pourront se vanter d'avoir inauguré
le gouvernement de la ruine publique.
Suivez le furieux Marcou dans ses projets,
de proscriptions, vous irez ensuite jusqu'aux sanglants appels du fusillard
Dethon. La violence appelle la violence,
l'immolation suit l'immolation. Cela se vo-
yait sous la grande république de Mira-
beau, de Danton, de Robespierre et de
Marat.

Chaque faction républicaine, en esca-
ladant le pouvoir, avait soin d'expédier à
la guillotine les gouvernants par elle ex-
pulsés des pouvoirs politiques. Meurtre et
trahison ; voilà les exploits des plus illustres de vos devanciers, de cette grande
époque, où le sang français coula si abon-
damment. Les républicains patriotes se
proclamaient généreux et amis de la liberté. Telles étaient leurs paroles ; mais par
leurs actes, ils se bornaient à pratiquer
l'assassinat politique. La majorité actuelle
de nos législateurs semble vouloir repren-
dre les traditions révolutionnaires. Presque personne encore n'a été massacré ;
mais déjà les intérêts s'alarment. Le crédit
repose sur la confiance et la sécurité géné-
rale disparaissant, le crédit public disparaît avec elle. Voilà pourquoi les tendan-

ces arbitraires de vos amis politiques ont alarmé les intérêts financiers et causé une véritable panique au temple du Dieu moderne. Les amis de l'or prennent peur, les valeurs de bourse vont devenir de simples assignats. Les capitaux se constitueront par des réalisations subites et désastreuses, pour s'enfouir en attendant votre chute et le retour de la confiance.

Un pouvoir dont les représentants vivent à peine six mois ; un pouvoir que les assemblées politiques battent en brèche, alors qu'elles devraient le soutenir ; un pouvoir qui porte atteinte aux droits les plus sacrés des citoyens, et froisse tous les grands intérêts ; un tel pouvoir ne peut posséder qu'une situation précaire. Il devra bientôt disparaître, pour faire place à la dictature. Le véritable esprit de justice ne peut pas avoir définitivement quitté le sol de notre patrie ; nous retrouverons sans doute bientôt un gouvernement honnête et pourvu de stabilité monarchique.

CINQUIÈME LETTRE

L'arbitraire.

« On nomme arbitraire, ce qui est produit par la seule volonté de l'homme, sans avoir de règle ni de fondement naturel. Il se dit, en mauvaise part, des actes de gouvernement où la volonté des personnes remplace celle de la loi. » (Dictionnaire de l'académie.)

On donne souvent la définition de l'arbitraire en ces mots que l'on impute aux tyrans et qui proclament le règne de la force brutale :

Sic volo, sic jubeo, sit pro ratione voluntas : Ainsi je veux, ainsi j'ordonne, sans autre raison que ma volonté.

Je crois pouvoir, M. le député, vous démontrer facilement que cette devise de la tyrannie a été acceptée par vos amis politiques. Ils se livrent fréquemment aux caprices de l'arbitraire. Ils ont conscience de ce vice de leurs agissements et pour se leurrer l'esprit, ils parlent sans cesse de la loi, parceque c'est le principe même d'où doit découler la loi, la justice et la vérité, qui leur font surtout défaut.

Toujours les républicains ont été portés à l'arbitraire. Ceux de la 1re république, que vous proposez à l'admiration des foules, ont été des tyrans sanguinaires, ennemis de la liberté, qu'ils ont momentanément détruite en France pour lui substituer la terreur.

Ils ont osé proclamer dans la loi qui établissait un tribunal révolutionnaire, cette odieuse maxime : « (Article 16.) La loi donne pour défenseurs aux patriotes calomniés, des jurés patriotes ; elle n'en accorde pas aux conspirateurs. »

Violateurs de tous les droits, comment auraient-ils respecté ce droit si sacré de la défense.

Ces exécrables assassins, qui devraient demeurer éternellement au ban de l'humanité civilisée ; vous les exaltez de nos jours. Vous vous efforcez de relever leur épouvantable prestige. Vous préparez ainsi les esprits populaires au retour de leurs sanguinaires exploits.

Vous insultez par votre presse, les prêtres et les magistrats, ces auxiliaires des pouvoirs légitimes, indispensables à la préservation sociale, au maintien des mœurs et de l'ordre public. Vous ne vous contentez pas de parler ; vous agissez, et par vos actes, vous prêchez la révolte, en substituant la violence administrative au régime de la loi.

Cela devient éclatant à tous les regards, depuis l'exécution des décrets du 29 mars 1880 ; à cette date, vous avez substitué le préfet-gendarme, à l'autorité judiciaire qui

représente la loi. Vous avez ouvert la
voie aux anarchistes, en crochetant les do-
miciles religieux.

La violence appelle la violence, et lorsque les prêtres ont voulu s'adresser aux
tribunaux pour obtenir la justice qui leur
était due ; vous les avez, aux ricanements
de folliculaires insensés, vous les avez
mis hors la loi. Vous avez élevé des conflits, après avoir asservi le personnel du
tribunal chargé de statuer ; et comme vous
doutiez encore du triomphe de votre tyrannie, vous avez choisi l'un de vos chefs politiques, pour départager les voix des juges. Voilà ce que vous nommez le progrès
républicain. S'il n'y a pas là substitution
de l'arbitraire à la loi, où donc trouverons-
nous semblable fait ?

Mais ce n'est pas assez encore, vous
quittez aujourd'hui le domaine religieux et
vous faites descendre la violence sur le
terrain politique. Nous approchons du
jour où la loi des suspects sera rétablie.
Vous et vos amis vous sentez instinctive-
ment l'approche de cette période révolutionnaire, qui marquera la fin de la 3e république. Vous-même dans votre discours
au banquet du 14 juillet, et tout récemment le républicain de Marcère, dans les

observations qui précèdent un nouveau projet de loi municipale ; tous les deux vous remplacez le mot république par le mot révolution.

On avait commis l'erreur de croire que la république pouvait rester libérale. Jules Simon dit qu'il le croit encore, la révolution au contraire proclame le règne du bon plaisir populaire, le règne de la violence et de l'arbitraire sanglant. Voilà où nous en sommes, après douze ans de république. Aujourd'hui, vos amis politiques proscrivent les princes, demain vous proscrirez les simples citoyens. Bonapartistes, catholiques et royalistes, nous aurons alors le règne de la vraie liberté républicaine.

SIXIÈME LETTRE

L'armée.

Une armée nationale a pour mission, de défendre à l'étranger, l'honneur et le prestige du drapeau de la France. Elle doit aussi, s'opposer avec énergie à toute invasion du territoire. Elle doit enfin, à l'intérieur du pays, mettre la force au service du droit en assurant le respect et l'exécution des lois, ainsi que celui des mandats de justice. La formule exécutoire des actes judiciaires nous en donne la preuve, dans l'injonction faite au nom du peuple français, ... « Mandons et ordonnons à tous commandants et officiers de la force publique, de prêter main forte lorsqu'ils en seront requis. » Décret du 27 septembre 1871.

Mais comment arriver à constituer une armée capable de suffire à cette triple mission ? C'est ici que vous me permettrez, M. le député, de vous faire remarquer l'étrangeté des idées de vos amis politiques. Je vous ferai voir combien les vérités les plus élémentaires semblent leur échapper en ce grave sujet.

Vos amis cependant, et vous-même sans doute, M. le député, vous avez plus d'une fois parlé de la science militaire, de l'art de la guerre. Les combinaisons stratégiques les plus variées, les effets de tir les plus compliqués ; l'action subite et forte d'une énergie physique considérable, constituent les éléments nécessaires de cette science. Le meilleur officier demeurera impuissant, s'il n'est pas bien outillé pour faire campagne ; outillé par les armes ; outillé encore par la force physique et la qualité morale de soldats suffisamment nombreux.

Vos amis parlent beaucoup de leurs sympathies pour l'armée. Ils veulent, disent-ils, assurer sa bonne organisation, afin d'éviter dans l'avenir d'aussi terribles désastres que ceux qui nous ont accablé au commencement de la république actuelle. Mais pourquoi leurs actes restent-ils en contradiction avec leurs paroles ? Que font pour l'armée les hommes politiques républicains ? Ils ont d'abord attaqué le principe même des armées permanentes. Ils ont reconnu ensuite que dans l'état présent des sociétés humaines, une semblable idée était absurde. Ils l'ont donc abandonnée à regret. Mais que font-ils, pour assurer un bon recrutement de l'armée ?

Nous avons encore un cadre remarquable d'officiers, formés dans des écoles qui ont fait leurs preuves. Les républicains préparent une loi destinée à désorganiser l'école Saint-Cyr, sous prétexte de démocratiser l'armée. Vos amis politiques prennent-ils plus de soin de former des sous-officiers et des soldats ? tout métier nécessite un apprentissage. Ce n'est pas au moment même où l'ouvrier expérimenté

peut être utile, que l'on va le congédier.
Un atelier ne contenant que des appren-
tis serait ridicule. Une armée composée de
simples conscrits n'est pas une armée
sérieuse. C'est un outil insuffisant pour la
guerre, même aux mains de bons généraux.

Il ne suffit pas, pour être un vrai soldat, de savoir épauler un fusil. La science militaire actuelle est fort compliquée.
Les manœuvres à exécuter sont souvent
difficiles. Toute campagne entraîne pour
les hommes qui la font, des fatigues extrê-
mes, auxquelles ceux-là seuls peuvent ré-
sister, qui s'y sont préparés par une éducation physique spéciale. De l'avis de tous
les hommes de guerre pratiques, il faut 2
ans pour faire un vrai soldat d'infanterie
et 3 années pour dresser un bon cavalier.
Or vos amis politiques veulent réduire à 3
années la durée du service militaire. Agir
ainsi, c'est rendre volontairement impossible la constitution d'une solide armée.
Pour réussir quand même, avec des éléments militaires aussi défectueux, il fau-
drait un homme de guerre comme Alexan-
dre ou Napoléon le Grand. Peut-on com-
pter sur un semblable hasard? S'est-il ré-
vélé un seul grand homme de guerre, dans

toute la campagne contre la Prusse, en 1870.

Vous voyez M. le député, combien vos amis sont imprudents et combien, dans un but électoral, pour alléger en apparence le fardeau des lois militaires, ils compromettent sciemment l'intérêt vital de notre patrie. Grâce à eux, toute éventualité de revanche nationale demeurera impossible.

SEPTIÈME LETTRE

Agriculture, industrie commerce.

Le laboureur cultive le blé, qui nous est absolument nécessaire ; il élève aussi les bestiaux, essentiels à notre alimentation. La prospérité de l'agriculture est donc l'une des nécessités vitales du pays. Après la culture des terres, à laquelle se consacrent le plus grand nombre des Français, vient dans l'économie sociale, l'industrie manufacturière. Elle satisfait par ses produits à divers besoins des habitants. Toujours utile, dans ses applications principales, elle est parfois d'une nécessité absolue ; la métallurgie et l'industrie du tissage, sont de cette catégorie. Que deviendrait la France en face de coalitions européennes, comme celles qui ont eu lieu sous le règne de Louis XIV et sous celui de Napoléon ? Que deviendrait-elle, si elle ne possédait, ni pain, ni fer, ni vêtements ?

Les detenteurs des pouvoirs publics sont donc tenus de veiller avec soin sur les deux grandes sources de la richesse nationale et de favoriser leur développement. Ils ne doivent cependant sacrifier, ni le consommateur au producteur ; ni celui-ci à l'autre.

Vos amis politiques, M. le député, prononcent souvent le mot de liberté. Ils en prennent, sans conteste, beaucoup pour eux et pour leurs amis, de sorte qu'il n'en reste plus pour les autres. Une des libertés qu'ils proclament, c'est la liberté du commerce. Ils ont raison de favoriser en principe le libre échange. Malheureusement, ils oublient que dans l'économie politique, le relatif est plus fréquent que l'absolu.

Puisque la gymnastique est aujourd'hui de grande mode, supposons un champ de course. Placez-y côte à côte un agriculteur français et un agriculteur américain. Vous n'oublierez pas d'entraver les jambes du citoyen français et vous crierez en-

suite très haut : Hip, hip, hurrah ! En
avant ; promettant un beau prix à celui
qui arrivera bon premier. Ceci, M. le député, n'est point une plaisanterie. L'im-
pôt, la fumure, le loyer des terres, sont de
véritables entraves pour l'industrie agri-
cole. L'Américain est presque exempt
d'impôts et de loyer ; il fouille des terres
vierges et met peu d'engrais. Il obtient le
blé à un prix minime que nous ne pouvons pas atteindre. Le laboureur français
sera fatalement ruiné par sa concurrence,
puisque le gouvernement républicain re-
fuse de le secourir à l'aide de droits fixes
et compensateurs.

De même nos industries essentielles
sont en péril. La Belgique et l'Angleterre
ont le fer et la houille sur place. Leurs
hauts fourneaux éteindront certainement
les nôtres. C'est déjà fait en partie, nos
petites usines métallurgiques ont succom-
bé, quelques-unes plus importantes et
plus riches subsistent encore, mais péni-
blement ; elles tomberont un peu plus tard ;
c'est une simple question de temps.

Si nous examinons le tissage mécani-
que ; l'Angleterre, avec ses cotons de l'Inde
et ses laines d'Australie, domine le marché,
elle couvre la France de ses fils et de ses

tissus. Si la liberté commerciale doit demeurer la règle, il faut cependant y faire quelquefois exception, quand il s'agit de sauver d'une ruine certaine notre production nationale. Vos amis politiques ne comprennent pas cette nécessité sociale.

Regardez donc, M. le député, le tableau de notre commerce extérieur. Vous y verrez nos importations augmenter sans cesse et nos exportations diminuer. La balance commerciale prédit notre ruine à venir. Les laboureurs et les fabricants se plaignent ; mais vous assistez impassible à leur détresse. Une seule ressource leur reste : voter contre vous et contre vos amis ; celle-là serait efficace, leur éternelle patience me surprend. Cependant la coupe des désillusions se remplit goutte à goutte ; elle débordera bientôt. Votre coterie rapace et violente, devra quitter les régions du pouvoir et perdre une influence politique, dont elle a d'ailleurs cruellement abusé.

HUITIÈME LETTRE

L'éducation.

Les maîtres de la jeunesse ont entre leurs mains l'avenir de la nation. L'enfant d'aujourd'hui sera bientôt l'homme qui succèdera à la génération présente. Elle est lourde la responsabilité qui pèse sur ceux qui ont charge d'âmes. Que diriez-vous de pédagogues immondes, qui se permettraient de commenter en style gaulois des œuvres pornographiques, pour préparer les citoyens de l'avenir à la libre morale. Je ne vous fais pas l'injure de supposer, M. le député, que vous voudriez les maintenir en fonction, vous ne permettez pas encore l'attentat aux mœurs, l'excitation à la débauche. Le code pénal, cette superstition antique, demeure provisoirement debout, mais vous ne tarderez pas à vous mettre, vous et vos amis politiques, en contradiction avec vous-même. Vous voulez la morale, atténuée par le divorce, cette prime à la débauche; votre morale consiste exactement en l'absence de moralité. Voyez votre ami et patron du grand ministère, feu Gambetta; quelle était sa morale? il disait publiquement : « L'ère de la bégueulerie est passée. » Cela signifiait seulement, pour lui comme pour beaucoup d'autres, que les simples catins étaient préférables aux mères de famille. Ne parlez donc pas de la morale laïque et obligatoire ; c'est trop drôlatique, pour ne pas dire gaulois.

En réalité, Monsieur le député, la morale, pour exister, doit être religieuse; c'est-à-dire basée sur l'idée d'un Dieu juste et tout puissant, sur l'idée d'un Dieu qui a le devoir et le pouvoir de recompenser la vertu et de punir le vice. La morale sans Dieu, devient une simple fantaisie variable au gré de l'esprit humain. Tel homme considérera le concubinage comme immoral ; plusieurs républicains, chasseurs de Dieu, le pratiquent comme agréable ou même nécessaire à leur tempérament.

Vous qui faites des lois, dites-moi donc ce que c'est qu'une loi dépourvue de sanction? Est-ce autre chose qu'un simple avis? Voilà pourquoi les philosophes antiques, après avoir, pendant le jour, devisé sur la sagesse avec leurs disciples, allaient souper chez Aspasie. Pour eux, comme pour ceux qui crient : Le cléricalisme voilà l'ennemi! l'ère des bégueuleries était passée. Grâce à vous, les mœurs Françaises deviendront absolument payennes. Ce sera le progrès de la libre morale, conséquence certaine de la libre pensée. Votre montre, M. le député, retarde un peu sur celle du géographe nihiliste Élisée Reclus, mais allez donc lui demander s'il ne

se considère pas comme supérieur à vous,
au nom de la libre-pensée.

L'éducation, pour être morale, doit donc
rester religieuse. Voilà pourquoi votre
ancien ami Jules Simon, s'est écrié aux
applaudissements du Sénat : L'instituteur
enseignera à l'enfant ses devoirs envers
Dieu et envers la patrie. » L'idée de Dieu
hante encore le cerveau de cet académi-
cien rétrograde. Il est vrai que ce citoyen
vous est sans doute intellectuellement
trés inférieur: Il demeure infecté d'obscu-
rantisme ; on l'a traité de jésuite, Il est
d'ailleurs évident pour vous et pour vos
amis, que Chateaubriand, Montalembert,
Lacordaire et les autres grands écrivains
catholiques, sont de petits rien du tout,
comparés aux illustres Margue, Roche,
Révillon, ou autres célébrités du dépotoir
civique.

Lorsque je regarde l'état présent de notre France et que je vous entends crier
publiquement : le républicain est l'homme
du progrès ; je ne puis m'empêcher de penser que cette maxime est empruntée au
répertoire philosophique de Ferry-Men-
songe, tout comme l'idée de la justice républicaine s'incarne en Cazot-Conflit.

Que seront les citoyens formés par vos

soins ? ennemis de Dieu, amis des plaisirs. Etrangers à la notion vraie du devoir, à l'idée du dévoûment et du sacrifice, ils resteront égoïstes et jouisseurs. Tout par eux, tout pour eux. N'est-ce pas déjà la maxime de la coterie dont vous êtes membre et que vous voulez faire passer pour nationale. Non, Dieu merci pour mon pays, vous ne représentez pas la France. Il y a encore des chrétiens en France, et, certes, vous ne les représentez pas au parlement.

Vous et vos amis politiques, M. le député, vous méconnaissez donc les principes les plus essentiels de toute bonne éducation. Vous êtes la négation même de la morale chrétienne, la seule efficace pour maintenir les mœurs publiques. Grâce à votre influence néfaste, à la multiplication des casernes, à la suppression de la police des cabarets ; à l'extension de la presse purulente que vous ne sauriez arrêter, nous voyons partout la démoralisation s'étendre sur notre malheureux pays. Nous croyons en Dieu et nous nous demandons avec anxiété s'il ne va pas cesser bientôt de retenir le glaive d'une implacable justice. Voilà pourquoi les pasteurs catholiques font répéter si souvent

le *parce domine* aux populations chrétiennes.

NEUVIÈME LETTRE

Le sacerdoce.

Lorsque nous jetons un regard sur l'his-
toire de l'humanité, nous voyons, chez
tous les peuples, l'idée de Dieu occuper
une grande place dans les esprits. Parmi
tous les êtres qui couvrent la surface du
globe, l'homme est le seul qui ait le noble
privilège d'élever sa pensée jusqu'à la notion de la divinité. L'homme concevant
l'idée de Dieu, ne pouvait pas demeurer
étranger à cet être supérieur ; de là l'origine des religions. La religion catholique, que
vos amis politiques bafouent à la Chambre,
M. le député, est le lien nécessaire qui
rattache l'homme à Dieu.

Mais la religion a un double but. Elle
doit permettre à l'homme de rendre à Dieu
l'hommage qui lui est dû ; elle doit encore,
rappeler à l'homme ses devoirs envers
Dieu, l'empêcher d'oublier l'existence de
Dieu et de transgresser ses préceptes.
Pour l'accomplissement de cette mission,
des intermédiaires sont indispensables
entre l'homme et Dieu ; de là l'origine du

3

sacerdoce. Nous le rencontrons chez tous les peuples et dans tous les temps.

Un gouvernement, s'il veut rester honnête, est donc tenu de respecter le sacerdoce et de lui faciliter l'accomplissement de sa mission. Est-ce ainsi, M. le député, que vos amis politiques comprennent la première, la plus importante de leurs obligations sociales ? évidemment non. A toutes les sessions législatives, nous entendons des énergumènes républicains aboyer contre le sacerdoce. Nous voyons vos amis politiques voter la suppression partielle du budget des cultes, acheminement vers sa suppression totale. Nous verrons bientôt les séminaristes sous les drapeaux, le recrutement du clergé rendu impossible par cette mesure et par la suppression des bourses ecclésiastiques.

Pour vos amis politiques, le sacerdoce voilà l'ennemi. Les princes de l'église, en attendant le vote d'une loi d'expulsion, sont déjà placés sous la surveillance de la police ; ils ne doivent plus quitter d'eux-mêmes leurs diocèses pour se rendre auprès du souverain pontife. S'il leur arrive d'accomplir le plus sacré de leurs devoirs, en marquant d'un stigmate les livres irréligieux, on les défère comme d'abus au conseil d'état. Si de pauvres prêtres blâment la loi athée établie contre l'enseignement chrétien et recommandent aux pères de famille de veiller sur la foi de leurs enfants ; vos amis politiques, quand ils s'abstiennent de les traduire devant les tribunaux, osent rétablir contre eux le principe illégal de la confiscation. Ils arrachent aux prêtres leur pain quotidien. Ils ne tarderont pas sans doute, la logique le veut, à confisquer de même l'argent des juges, celui des officiers et celui des professeurs catholiques, inamovibles. Que fait-on de cet argent, voté au budget ; régulièrement acquis en toute propriété aux prêtres du culte paroissial ? Cet argent va-t-il grossir la somme des fonds secrets ; est-il distribué en gratifications illicites aux bas agents de la politique républicaine ? je l'ignore. Ce que je sais, c'est que la confiscation se trouve en fait rétablie au ministère des finances.

La liberté ; vous en parlez souvent, M. le député, il en est une, en effet, que vous respectez, c'est la liberté de l'insulte au clergé. La loi, dont vous aimez aussi à proclamer le règne, en temps de république, la loi pénale prohibe les exhibitions obscènes. Mais les avocats de la républi-

que, délégués à l'administration des par-
quets, demeurent impassibles quand il s'a-
git du clergé. Les caricatures obscènes
contre les prêtres s'étalent impunément
aux vitrines des libraires. Les brochures
immondes et calomnieuses, contre les
mœurs du clergé, sont librement colpor-
tées. Et vous osez encore prononcer le
mot de moralité ! Cela m'étonne d'abord ;
mais quand je réfléchis davantage, je com-
prends mieux. J'avais oublié, dans l'em-
portement de ma franchise, j'avais oublié
que la moralité républicaine s'arrêtait aux
limites du boudoir d'Aspasie. Le libre ca-
baret ; le restaurant avec cabinets parti-
culiers, voilà les asiles ouverts au peuple,
de préférence aux chapelles catholiques
mises sous scellés. Voilà comment vous
comprenez le progrès de la moralité publique.

DIXIÈME LETTRE

La politique républicaine.
Vue générale.

Permettez-moi, avant de vous dire
adieu, de dresser le bilan de la troisième
épublique. Profitant de l'état de trouble
occasionné par les premières victoires de

la Prusse, vos amis politiques se sont insurgés contre le gouvernement de l'Em-
pereur et l'ont renversé. Maîtres du pouvoir, ils ont aggravé nos désastres, en
prolongeant sans habileté une lutte iné-
gale. Menacés ensuite par l'insurrection
des socialistes parisiens, ils ont écrasé
cette révolte et déporté en Calédonie une
partie des insurgés. Souverains de fait de
la patrie française, ils n'ont pas tenu leurs
promesses politiques, qui étaient leur raison d'être au pouvoir.

Nous gardons le souvenir de leurs discours à la tribune et celui de leurs articles
dans la presse républicaine ? Ils disaient
que la possession de la liberté faisait le
bonheur des peuples. La nation française
devait voir s'ouvrir avec eux une ère de
gloire, de liberté, de prospérité publiques.
Le despotisme avait vécu ; tous les citoyens désormais, seraient égaux et libres,
sous l'égide des lois.

Tel fut, M. le député, le programme de
vos amis politiques ; mais la réalité n'a
pas répondu à l'attente.

Au lieu de protéger la liberté en France,
vos amis politiques nous ont imposé leur
tyrannie. Ils ont établi un gouvernement
arbitraire et despotique. Si vous me lais-

siez employer un néologisme, je dirais qu'ils ont Thibaudiné leurs serments.

Après avoir proclamé la liberté de conscience, et ils en parlent encore ; ils oppriment violemment les consciences catholiques. Les amis du Christ sont mis par eux hors la loi. Ils chassent les chrétiens des administrations publiques, sans craindre de désorganiser les divers services. Ils expulsent Dieu des écoles et des prétoires ; les catholiques sont leurs ennemis. Voilà ce qu'ils appellent respecter la liberté de la conscience.

La liberté de l'enseignement, la veulent-ils davantage ? ont-ils cessé de dire : le monopole est le salut ? ne poursuivent-ils pas le triomphe de l'université asservie ? nous les voyons chasser des écoles primaires les représentants de la doctrine chrétienne et fermer les collèges catholiques sous prétexte d'immoralité. Le droit sacré des pères de famille sur l'âme de leurs enfants, ils le méconnaissent ! Serait-ce parce qu'ils mettent en doute l'existence même de l'âme ?

Et la liberté de la presse, que les républicains ont si vivement réclamée, qu'en font-ils ? quelquefois ils la tolèrent en fait ; jamais ils ne l'ont établie en droit.

La loi de 1881, qu'ils veulent compléter aujourd'hui en l'aggravant, vient la restreindre. Elle accumule contre les délits de presse, les amendes et la prison.

La liberté d'association, nous ne l'avons pas. La liberté civile, proclamée dans la déclaration des droits de l'homme ; nous ne la possédons plus. Tous les français ne peuvent pas prétendre à tous les emplois, sans autre distinction que leur vertu. L'avancement est donné aux hommes politiques, en violation de la justice et des droits acquis. Les concours publics eux-mêmes, sont interdits à des catégories de citoyens proclamés suspects. Cela s'est vu au conseil d'État pour les diplômes mixtes et dans des administrations ressortant du ministère des finances.

Restait la liberté individuelle, ce bien sacré des nations civilisées. La liberté individuelle, cette suprême ressource, est elle-même menacée. Vos amis politiques veulent aujourd'hui ou des décrets ou des lois de proscriptions contre des princes ; ils en voudront demain contre tous les citoyens.

A l'extérieur, le drapeau français n'est plus respecté. A l'intérieur, les esprits sont troublés, le crédit public chancelle.

L'agriculture, l'industrie, le commerce, sont en souffrance ; notre marine marchande disparaît, les citoyens honorables demeurent courbés sous le joug d'une véritable terreur civile. Partout l'immoralité, l'esprit de faction, le despotisme et l'iniquité ont un libre cours. On peut même dire sans se tromper que les républicains de France ont cessé d'être français. Ils obéissent à l'impulsion internationale et révolutionnaire des loges maçonniques. Imbus de l'esprit de secte, ils ne savent pas qu'audessus et en dehors de tous les partis, il y a la France. Ils préfèrent l'intérêt de leur parti, à celui de la nation. Ces hommes qui osent se dire patriotes, mettent en péril l'existence de la patrie.

Quand donc nous sera-t-il donné d'être délivrés de ce joug odieux et de respirer enfin l'air pur de la liberté !

Agréez, Monsieur mon député, les salutations de votre déléguant.

UN ÉLECTEUR.

Pour copie :

PABLO.

L'ÉCOLE SANS DIEU

Ses résultats nécessaires.

L'instruction et l'éducation ont pour objet de développer l'esprit humain, d'agrandir le domaine intellectuel, de faire éclore et mûrir dans notre âme les fleurs et les fruits de la science. Mais savez-vous ce que c'est qu'une fleur neutre, selon les botanistes ? cette fleur est celle qui ne possède ni étamines, ni pistils ; c'est la fleur stérile. De même, dans l'enseignement, l'école neutre sera l'école stérile.

L'idée supérieure de Dieu et de sa souveraine justice, sert de base à la morale. Si donc l'instituteur cesse d'enseigner à l'enfant ses devoirs envers Dieu, il laissera dans son âme un vide que rien ne saurait combler.

Que deviendront, dans la société humaine, les enfants élevés en dehors de toute idée religieuse ? Ici l'étude du passé peut nous donner la connaissance de l'avenir.

Regardons la génération frivole qui a vécu pendant la seconde moitié du dix-huitième siècle. La philosophie railleuse de Voltaire, le déisme sentimental et voluptueux de Jean-Jacques Rousseau, le scepticisme impudique de Diderot, avaient fait dans les esprits des ravages effrayants ; la foi religieuse n'existait plus. Le clergé lui-même subissait cette influence néfaste. Quel a été le résultat social de cette situation ? Le scandale des mœurs et le bouleversement des âmes, qui furent suivis du renversement de la monarchie française.

Les périodes d'incrédulité précédent les convulsions révolutionnaires et quand nous voyons aujourd'hui les œuvres impies des termites de la franc-maçonnerie, nous ne pouvons que redouter l'avenir.

Mais si le cœur humain peut s'égarer dans ses sentiments, il est incapable d'échapper à toutes ses tendances naturelles. Il a besoin d'aimer et lorsqu'il se retire de Dieu, c'est pour s'arrêter à l'homme. Réduisant à son gré les limites de l'espace dans lequel il doit se mouvoir, il s'abaisse et se rapetisse. Privé de l'éternelle boussole, par laquelle l'âme humaine devrait toujours se guider, l'homme reste livré à ses passions. N'écoutant plus la voix de Dieu, il devient, tout en se raillant des superstitions chrétiennes, fataliste, crédule et se livre en proie aux charlatans, aux vulgaires devins.

Les esprits les plus distingués n'échappent pas à cette décadence morale. J'ai parlé du dix-huitième siècle et c'est dans la correspondance intime d'une femme de cette époque, que je trouve la preuve de la vérité de mon affirmation.

La comtesse de Sabran appartient en effet à la seconde moitié du dix-huitième siècle. Née en 1750, veuve à 25 ans, elle connut dès 1777 le chevalier de Boufflers, qu'elle épousa vingt ans plus tard. Elle entretint avec lui, de 1780, à 1787, la correspondance dont je vais citer quelques extraits.

La comtesse de Sabran, était, dit-on, fort spirituelle et sa physionomie l'annonce véritablement. Elle était musicienne et tournait facilement des vers agréables. Ses lettres sont écrites d'un style clair, correct, soutenu, je dirais presque : classique. Sa correspondance est attrayante à lire. Elle mérite, après celle de Madame de Sévigné, l'une des premières places.

Cette lecture nous permet d'apprécier exactement la situation morale du dix-huitième siècle.

La comtesse de Sabran s'était sans doute instruite dans une école neutre et laïque, selon le sens que nos libéraux donnent à ce mot. La religion catholique tenait peu de place dans son cœur ; Dieu lui-même avait presque cessé d'exister pour elle.

Mais qui donc comblera ce vide immense ? Madame de Sabran fait un Dieu de l'homme. Elle déifie son amant, M. le chevalier de Bouffers. Écoutons-la un instant.

« En ton absence il faut penser à toi tristement, me creuser la tête pour ne pas savoir où te prendre, et me borner à t'aimer, *comme la plus fervente dévote aime Dieu*, de toute son âme et de toutes ses forces. » (22 février 1786.)

« Je franchis le temps qui nous séparera, pour ne penser qu'à celui où je te reverrai, qui sera pour moi, je crois, *l'unique et la vraie résurrection*. Adieu mon époux, mon amant, mon ami, mon âme, *mon Dieu*. (31 mai 1789.)

On ne pourra pas me taxer d'exagération, puisque je me borne à citer cette folie de l'amour humain. La comtesse de Sabran parle avec franchise et ne craint pas d'écrire en le profanant le nom même de Dieu.

L'année suivante, en 1787, sa pensée n'a pas varié ; elle l'exprime ainsi :

« Vanité des vanités, tout n'est que vanité, hors t'aimer et te servir. Salomon dit mieux que cela : *mais tu es mon Dieu, je n'en connais point d'autre.* Si j'avais souffert pour l'autre la millième partie de ce que j'ai souffert pour toi, je serais sûre d'être en paradis avec la palme du martyre. »

Telles seront dans l'avenir les jeunes filles qui sortiront des lycées inventés par les francs-maçons impies. Alors Dieu aura cessé de faire battre les cœurs féminins, rien ne se dressera plus entre l'époux et l'épouse. Cette prétendue émancipation des femmes aura pour conséquence de les jeter dans l'esclavage des sens.

L'erreur succède à l'erreur et notre décadence morale livre l'âme en proie aux grossières superstitions. L'incrédule ne va plus à l'Église ; mais il se rend chez les devins. Madame de Sabran n'échappe point à cette logique.

Écoutez ce qu'elle nous dit :

« Tourmentée de mon sort présent, futur, et ne sachant à qui m'adresser, j'ai été ce matin chez une sorcière ; la favorite de Lucifer et la mieux informée de ses desseins. Dès les premières cartes elle m'a dit que j'étais bien aimée...... j'étais avec madame de Jarnac, qui était restée en attendant dans une autre chambre. Elle eut son tour après moi. La sorcière lui vendit une poudre avec laquelle elle se fait aimer du plus indifférent.... malgré toutes ses assurances à ton sujet, je n'ai pas résisté à l'envi d'en faire l'emplette. Je t'en jetterai un peu aux yeux, quand je verrai le bandeau de l'amour se déchirer. (lettre du 21 janvier 1787.)

Dans notre siècle des lumières laïques et obligatoires, quatre-vingt-seize ans après cette lettre, nous trouvons encore la même crédulité, chez les parisiens sceptiques. S'ils ne vont plus à l'église ; ils courent chez les somnambules et chez les tireuses de cartes. On voit ces actuelles sorcières se railler des lois pénales et afficher leur savoir lucide ou extra-lucide, à la 4⁰ page des journaux. Le progrès veut même que le somnambulisme devienne officiel au ministère des beaux arts. Une sorcière

promène sa baguette magique dans l'é-
glise de Saint-Denis, afin d'y découvrir
des trésors. Tels demeureront dans l'avenir, les libres-penseurs issus des écoles
neutres.

Lorsque notre esprit ne sait plus s'élever jusqu'à Dieu, ce but suprême de nos
destinées, il s'arrête au dogme antique du
fatal destin ; Madame de Sabran n'évite
point cette chûte :

« Tout cela me prouve que notre heure
est marquée, que nous avons beau nous
agiter, nous torturer, il n'en arrive jamais
que ce qui est arrêté de toute éternité.,
*C'est cette fatalité à laquelle je crois plus
qu'à l'évangile*, qui me tranquillise un peu
sur ton compte au milieu de tous les dan-
gers qui t'environnent ; je suis persuadée
que les parques ont encore bien des éche-
veaux de fil à couper avant que d'arriver
au tien......» (lettre du 9 novembre 1787.)

Que dites-vous de cette perspective morale ; la trouvez-vous attrayante pour vos
filles ; mères de famille chrétiennes ? voilà
ce que les feront les institutrices officiel-
les, quand elles auront cessé de leur dire
leurs devoirs envers Dieu. Alors nous re-
verrons dans tout son triste éclat, la Fran-

ce railleuse, sceptique et corrompue, du
siècle de Voltaire. Alors aussi l'heure de la
liquidation sociale sera bien près de son-
ner.

RENNES. — IMPRIMERIE HAMON.